AF404073

QUELQUES MOTS

SUR

LA LETTRE DU CZAR DE TOUTES LES RUSSIES

A

NAPOLÉON III,

ET

SUR LA QUESTION D'ORIENT

AU POINT DE VUE

DE SA POPULARITÉ EN FRANCE,

Par N. B.

PARIS,

RORET, ÉDITEUR, RUE HAUTEFEUILLE, 10.

—

1854.

QUELQUES MOTS

SUR

LA LETTRE DU CZAR DE TOUTES LES RUSSIES

A

NAPOLÉON III,

ET

SUR LA QUESTION D'ORIENT.

Les peuples ne sont pas forts en diplomatie, c'est un malheur; car leur ingénuité leur fait souvent voir les choses de travers. Mais ils sont forts en patriotisme; il est rare qu'ils se trompent dans l'appréciation d'un fait politique; il leur arrive, souvent même, de redresser, avec leur simple bon sens, les fautes de leurs gouvernements, comme on vient de le voir en Angleterre, où la voix publique a vaincu la résistance d'une partie du ministère; en Allemagne, où la raison du peuple a détruit l'intimité qui enchaînait l'empereur d'Autriche et le roi de Prusse aux volontés du czar Nicolas; et même en Turquie, où l'énergie nationale a mis les armes à la main à ceux qui étaient prêts à se courber encore une fois sous la pression moscovite, malgré la volonté du sultan.

La prépondérance de la Russie pèse, en Europe, d'un poids
énorme sur tous les cœurs généreux, depuis que son gouvernement, par une suite de circonstances heureuses pour lui, a
pu avec succès opprimer la Suède, la Pologne, la Turquie,
et tenter d'opprimer même la France. Il y a un instinct na-
tional qui se révolte, qui crie de toute part que le gouvernement qui, systématiquement, intervient ainsi avec autorité
dans les questions européennes, pour en tirer parti au profit
de la barbarie contre la liberté, c'est-à-dire, contre la civilisation : que ce gouvernement, dis-je, est l'ennemi de tous les
peuples et du sien encore plus que des autres.

L'accroissement gigantesque qu'on a laissé prendre à la
Russie, au préjudice des états, ses voisins, qu'elle convertit
à l'aide du knout et des mines de Sibérie, favorise singuliè-
rement ses prétentions despotiques. Elle sait qu'elle peut impunément ravager les petites nations à l'aide de ses Cosaques;
les dénationaliser par l'exil et la transportation; les avilir en
les dépouillant de toute liberté, en les muselant, en leur enle-
vant jusqu'à leur langue maternelle. Comment donc ne sui-
vrait-elle pas ses projets pernicieux.

Sous ce point de vue, l'Angleterre sent maintenant l'étendue
de la faute qu'elle a commise en tolérant tant d'actes astucieux
ou féroces de l'autocrate du nord; astucieux à l'égard des
gouvernements, féroces à l'égard de ses propres sujets (1).

La France devait être à l'abri des coups de la Russie, et

(1) Le démembrement complet du royaume de Pologne, la séquestra-
tion, la confiscation des biens, l'enlèvement des enfants pour les trans-
porter au loin, sont des moyens de gouvernement que les signataires des
traités de 1815 ne devaient pas tolérer et qu'ils ont cependant soufferts.

cependant on s'y souvient de Suwarof; les plus aveugles partisans de l'alliance russe, s'il en est encore, ne diront pas que
nous soyons allé chercher celui-là (1). On se souvient de toutes
les coalitions soldées par l'Angleterre, jalouse alors de la
France et dans lesquelles la Russie a joué le principal rôle;
on se souvient des spoliations de 1814 et de 1815; on sait
que, tout en affectant une grande modération, tout en déclarant qu'on ne faisait point la guerre à la France, en proclamant que ses droits, ses libertés seraient respectés, garantis,
on la dépouilla de ses frontières légitimes et naturelles, on
la força de démanteler ses places de guerre, de payer, pour
en construire contre elle, d'épouvantables rançons, et, qu'en
retour de tous ces sacrifices, on lui imposa la dislocation de
ses armées, de sa marine, et l'absolutisme d'une dynastie antipathique à la nation.

Ce sont ces iniquités — il n'en faut pas douter — qui ont
rendu si faciles le retour de l'île d'Elbe et l'expulsion définitive de Charles X.

Le peuple français, humilié, dans ces derniers temps, d'un
système de gouvernement qui consistait à trembler devant la
Russie, au point de lui laisser déchirer les traités, a senti
qu'un Napoléon pouvait le relever de cette humiliation, et
quand il vit le neveu de l'Empereur triompher du socialisme
et replacer l'ordre social sur une base solide, il battit des

(1) Un des arguments qu'ils font valoir est celui-ci : La Russie est
l'alliée naturelle de la France. C'est elle qui a sauvé la civilisation. Si
elle est venue en France, ce n'est que parce que nous l'avons été chercher. C'est par notre faute et pour le bien général qu'elle s'est armée
contre nous. — Les bonnes gens! De quelle vue pénétrante ils sont
doués!

mains; son cri de : Vive l'Empereur! fut une réponse aux tentatives faites, récemment encore, par la Russie, pour intervenir de nouveau dans les affaires de la France. Nicolas, pour reprendre son rôle de grand protecteur de l'Europe, lança pour la troisième fois son armée vers le Rhin, et, sans le sublime effort de la Pologne, il marchait droit sur Paris, persuadé qu'il lui serait aisé de triompher d'une révolte éphémère et sans écho. Il lui suffit, cependant, de quelques jours pour se convaincre du contraire. L'écho fut si général, si terrible en Italie, en Allemagne, que le czar fit en 1850 ce qu'il avait fait vingt ans plus tôt : il souffrit la République, quand il vit qu'il ne pouvait l'empêcher, qu'il ne lui faisait pas peur et qu'elle l'attendait de pied ferme.

Un peu plus tard, il reconnut Napoléon Empereur, comprenant encore mieux qu'avec lui le temps des transactions honteuses et de la pusillanimité était passé.

Napoléon III n'est plus pour lui le neveu d'un usurpateur frappé de déchéance, proscrit, déshérité de ses droits à la plus belle couronne de l'univers; c'est, en style diplomatique, son *bon ami*; c'est le représentant d'une illustre dynastie, auquel il ne dédaigne pas de proposer un programme politique, comme régent suprême, apparemment, de toutes les nations de l'Europe.

Une telle subordination ne pouvait être du goût d'un homme actif, entreprenant, d'un courage à toute épreuve. Il surveilla la Russie avec plus de sollicitude que ne l'avaient fait la Prusse, l'Autriche et l'Angleterre elle-même; il vit clairement, promptement, que les armées préparées contre la France et contre la Pologne ne resteraient pas inactives; il pressentit que, détournant sa course, ce torrent du nord allait, comme autrefois les Goths, rouler dans le Bosphore et la Méditerranée; il prépara la digue qui devait l'arrêter : une flotte française vint protéger Constantinople. Et cependant, aussi prudent que résolu, le jeune Empereur avertit son ancien qu'il avait pénétré ses desseins; qu'il s'engageait dans une entreprise dont la question des lieux saints n'était que le prétexte, et qu'il devait, au nom des traités, au nom de la France, au nom de l'Europe entière, s'opposer à ce que la Turquie fut démembrée et même amoindrie (1).

La lettre autographe de Napoléon III est un monument des plus remarquables qui soient jamais sortis d'une plume de souverain.

Je ne prétends attaquer ni défendre le droit qu'ont les chefs d'État de s'écrire directement et personnellement. De hautes raisons diplomatiques le repoussent; cependant elles n'empêchent pas ce droit d'exister, et plus l'exercice est rare, plus il produit d'effet; mais quelle qu'opinion qu'on en ait, ce droit, exercé au nom des nations, entraine une grande responsabilité pour celui qui en use, et par conséquent un droit d'examen

(1) Cette question des lieux saints a été débattue d'une manière décisive dans le parlement anglais ; et, plus la lumière se fait sur la question d'Orient, plus on acquiert la conviction que, dès le premier moment, le gouvernement français a vu les choses telles qu'elles étaient et pressenti ce qu'elles devaient devenir si l'on abandonnait encore le destin de la Porte ottomane à l'ambition séculaire et capricieuse de la Russie. On ne peut rien lire de plus instructif à cet égard que les discours prononcés par J. Russell et le comte de Clarendon. Qu'on reproche tant qu'on voudra au gouvernement anglais d'avoir ouvert les yeux trop tard, je ne l'en défendrai pas ; mais, enfin, il les ouvre ; il reconnaît le péril de la situation pour l'Europe, c'est assez pour qu'il ne puisse déposer les armes que quand ce péril aura cessé.

pour chaque nation ; et, de ce dernier droit, dérive pour chaque citoyen la faculté d'en apprécier les termes et les conséquences (1).

On aurait beau nous dire cela ne vous regarde pas ; aux gouvernements seuls appartiennent de telles questions ; il est imprudent aux individus de s'y mêler ; car, si la discussion marche bien, c'est l'entraver ; si elle marche mal, c'est envenimer le débat, c'est accroître les difficultés.....

Cela ne nous arrêterait pas.

Ces arguments, fort commodes sous les gouvernements absolus, sont sans doute de mise en Pologne, en Russie, où le despotisme saisit, étouffe, étrangle toute vérité qui déplaît. Mais, en France, il en est autrement. L'Empereur, en publiant sa lettre au czar Nicolas, a fait évidemment un appel à l'opinion publique. Elle a pu, elle a dû se taire tant que la réponse était incertaine. Elle peut, elle doit se prononcer dès que la réponse est connue et qu'au lieu d'accepter une médiation directe, pleine de bienveillance et de dignité, on la repousse en termes injurieux pour le pays.

La Russie veut la guerre ; elle la prépare depuis longtemps. Elle déguise ses préparatifs, elle cache sa résolution sous des manifestations pacifiques, afin de ne point éveiller l'Europe assoupie ; elle a même recours à des déclamations dévotes pour soulever le fanatisme de ses peuples, auxquels on

-----

(1) Cela est conforme à tous les principes ; cela découle de la publication des documents diplomatiques. On a fait en France à l'égard de l'opinion publique, ce qu'on fit en Angleterre à l'égard du parlement ; ce qu'on fait même en Russie à l'égard de populations auxquelles un mot suffit : JE LE VEUX.

fait tout croire, puisqu'on leur rappelle comme glorieuse pour eux l'année désastreuse de 1812 ; ce souvenir, il faut le dire en passant, n'est ni heureux ni politique ; il est même peu habile de le réveiller dans l'intérêt des peuplades de la Russie ; voici pourquoi :

Admettons, en effet, avec le czar, que les 30 degrés de froid qui anéantirent l'armée française furent pour les Russes un effet de la protection de la divine providence ; nous n'avons aucun intérêt à le contester : le fait est là. Mais il faut reconnaître aussi que ce fait n'est pas seul ; que la Providence a permis, selon toute apparence, que les villes de guerre de la Russie tombassent au pouvoir des Français ; que les armées Russes fussent battues sous les murs de Smolensk (1) et sous ceux de Moscou, et que l'autocrate de toutes les Russies fut réduit à faire incendier sa capitale qu'il n'avait pu défendre, et qu'il ne pouvait nous enlever que par ce moyen héroïque. Ainsi, 1812 ne fut pas moins fatal à la Russie qu'à la France, tant sous le rapport de la gloire que sous celui des sacrifices imposés aux deux peuples.

Tout ce qui reste de l'armée française peut témoigner de la démoralisation profonde de l'armée moscovite, fugitive du Niémen à Wilna, de Wilna à Smolensk, de Smolensk à Moscou, comme elle témoigne de son admiration pour la politique expectante d'Alexandre, qui, par des moyens qu'on peut appeler barbares tant qu'on voudra, a sauvé les débris de l'armée

______

(1) On a tenté de défendre cette place importante ; un combat terrible fut livré sous ses remparts, et les Russes prirent la fuite après avoir incendié la ville et dévasté tout le territoire, afin d'augmenter la famine qui déjà décimait les rangs de l'armée française. C'était le prélude de ce qui devait plus tard arriver à Moscou.

russe et perdu l'armée française, ce qui n'était pas plus barbare que tout ce qui se reproduit sans cesse quand les nations
sont dans cet état de fureur et de rage qu'on appelle état de
guerre. Mais en quoi ces faits touchent-ils à l'agression de la
Russie contre le Sultan, agression non moins barbare et plus
honteuse que les autres, non moins inique et plus audacieuse
que celle de 1812? Ils ne s'y rapportent en rien. C'est un trait
parti du carquois d'un Kalmouk, et voilà tout. Ce n'est, en
effet, que par les faits nouveaux qu'il faut apprécier la question d'Orient soulevée clandestinement en 1853.

La volonté de la France se résume en trois mots :
EXÉCUTION DES TRAITÉS ; — tout est là pour l'Europe entière. — Rien, au contraire, n'est plus cauteleux, plus obscur,
plus élastique que la diplomatie russe. Quel plus triste spec-
tacle que celui que donne au monde un chrétien si orthodoxe,
en présence de l'attitude digne, modérée, énergique et probe
du sectateur de Mahomet.

Il résulte clairement des pièces diplomatiques que la Russie
était fondée à ne pas croire à l'alliance anglaise, et qu'elle
devait espérer n'avoir affaire qu'à la marine française et à
l'armée ottomane. Dans cette idée, elle croyait pouvoir parler
haut, exiger la soumission de la Turquie, ou lui livrer bataille.
L'éloignement de la France ajoutait à ses chances de succès.
D'un autre côté, les services intéressés rendus à l'Autriche dans
l'insurrection hongroise lui permettaient de compter sur elle,
soit pour prendre part à l'action, d'une manière plus ou moins
détournée, dans l'intérêt de la Russie, soit pour faire une utile
diversion en menaçant la France.

Tel était le plan bien conçu, telles étaient les illusions du czar Nicolas. Mais ces combinaisons puissantes avaient un vice capital; elles ne faisaient point entrer en ligne de compte *les intérêts de l'Angleterre;* elle les inquiétait, comme la démago-gie inquiétait la Prusse, l'Autriche et les princes allemands. Nous allons voir les conséquences de ces inquiétudes trop gé-néralement répandues.

De toutes les fautes que fit l'esprit démagogique, il n'en est pas de plus maladroite, de plus honteuse, que le soulève-ment brutal des masses contre leurs gouvernements; c'était le moyen le plus sûr de tuer la liberté.

Il était réservé au despotisme russe d'imiter, de dépasser les fautes de la démagogie; de donner l'exemple de la viola-tion la plus audacieuse des traités après les avoir vingt fois violés à la sourdine. Il imita servilement les démagogues, en soulevant les masses de ses provinces pour leur faire soutenir cette violation comme un acte d'orthodoxie, en agitant les Grecs dans l'espoir de les pousser à la révolte contre le gouverne-ment du Sultan. Mais, à côté de ces attentats de lèz-humani-té, il était reservé à la France de protester, de condamner, de punir ces attentats. — Je dis la France, parce que c'est elle qui a levé le voile derrière lequel agissait la Russie; c'est elle qui a imprimé le mouvement, c'est elle qui a tiré le ca-non d'alarme, avec une noble énergie, avec un vif sentiment de graves intérêts européens, et qui en même temps s'est prononcée contre les menées démagogiques.

L'Angleterre ne se montra qu'après.

Son gouvernement, d'abord incertain, je dirai prudent et sage, ne s'unit à la France que lorsqu'il vit ses intérêts et ceux de la paix compromis par les emportements du czar. Il disait

avec raison qu'on ne pouvait faire trop d'efforts pour conserver les bienfaits de cette paix féconde, d'où sortirent tant de
merveilles, d'où peut-être allait sortir l'alliance industrielle de
toutes les nations.

Le gouvernement anglais croyait que la querelle orientale
n'était pas aussi sérieuse qu'on le pensait en France, que le
sang humain ne devait pas être versé pour si peu de chose;
que le sang anglais surtout ne devait couler que dans des cas
d'une nécessité absolue. — On hésitait donc à bon droit.

Il y a dans l'histoire des tactiques politiques et militaires,
des faits qui constatent la prudence et la loyauté des hommes.
L'histoire d'Angleterre en contient beaucoup. Ce qu'elle fait
en 1854 va grandir encore l'idée qu'on a de sa force et de sa
prévoyance. Il y a aussi des faits qui constatent que les lois
de l'humanité sont souvent méconnues, ou ne comptent pour
rien dans la balance des despotes. L'histoire de Russie en
est remplie. Que fit Pierre Ier, dit le grand (lui qui décapitait
de sa main ses bienheureux sujets), contre Charles XII, dit
l'héroïque ou le fou? Il recommandait à ses généraux de ne
livrer aucune grande bataille, de reculer toujours et de tout
dévaster sur leur passage. Oui, Pierre le Grand disait cela, et
ses ordres étaient suivis. Il voulait ainsi ruiner l'armée sué-
doise en Pologne; il commençait par ruiner, par égorger des
populations fort innocentes des folies de Charles XII.

Que font aujourd'hui les Turcs?... Ces barbares Ottomans,
pour arrêter les désastres de la guerre, se montrent prêts à
tous les sacrifices, sauf celui de leur dignité nationale; et ce
sont pourtant les Russes qui sont venus envahir les prin-

cipautés du Danube, sous un prétexte ridicule. Et là, comme en Pologne, les Russes suivront fidèlement les instructions de Pierre le Grand.

Ce fait n'est pas le seul : lorsqu'en 1711 Pierre Ier voulut faire la guerre à la Turquie, il n'en fit pas mystère, il le déclara solennellement dans la principale église de Moskou et pour augmenter le courage des soldats, on affecta de donner à cette levée de bouclier une apparence de guerre de religion. Au lieu du drapeau blanc que les troupes Russes avaient coutume d'arborer, elles déployèrent des drapeaux rouges, avec cette inscription : *Au nom de Dieu et pour le christianisme;* de l'autre côté, on lisait, autour d'une croix :

SOIS VAINQUEUR PAR CE SIGNE.

Que fit Nicolas en 1853 ? Précisément la même chose que son illustre modèle. Voulant profiter de l'état d'agitation dans lequel se trouvait l'Europe, afin de faire une tentative sur l'empire ottoman, dont il convoitait deux belles provinces, il leva des troupes au nom de l'orthodoxie et des lieux saints, et, chose fort édifiante, c'est de par la religion chrétienne que l'autocrate fait périr des milliers de chrétiens par le fer, par la poudre et surtout par la misère.

La France et l'Angleterre ne pouvaient tolérer une telle entreprise. Elles s'entendirent sur la nécessité de soutenir les traités souscrits par la Russie. Il fallait que la décision fut prompte, elle le fut (1); et nous allons voir que rien n'a été ménagé pour assurer le succès.

---

(1) L'Angleterre, en deux séances, a voté les frais d'une armée supplémentaire à ses forces ordinaires; elle a créé, comme par enchantement, la flotte qui doit agir au nord de l'empire russe, quand une autre flotte

POLITIQUE DE LA TURQUIE.

Quand un État s'est constitué par la conquête et qu'après un long repos d'épuisement ou de longues agitations intestines, il est en butte à la convoitise d'un voisin plus puissant qui aspire à quelques-unes de ses provinces, convaincu qu'il est, que la possession de cette partie le prépare ou le conduit à la possession du tout, la résistance ardente, passionnée, est un droit, elle est, on doit le dire, le plus saint des devoirs; les concessions seraient un déshonneur. Il n'y a plus alors qu'une voix de salut : Vaincre ou mourir.

Le jeune sultan, qui préside avec tant de grandeur d'âme aux destins de la Turquie, a très-bien compris que plus il y a de péril dans la situation que lui ont faite les concessions de ses prédécesseurs, plus il y a de gloire à la changer. Ses peuples se sont associés à sa grande pensée. Ils sont, par amour pour lui et par patriotisme, devenus ce qu'ils étaient aux jours de leurs conquêtes. On les voit pleins de confiance et d'ardeur. Mais vulnérables sur plus d'un point, trop faibles de nombre, d'astuce et de stratégie pour ne pas craindre un

agissait déjà sur les côtes du midi, et tout cela s'est fait à l'unanimité.

La France, en deux séances, a voté 250 millions et appelé sous les drapeaux tous les contingents disponibles, ce qui augmente son armée de 150 à 200 mille hommes ; et tout est en mouvement dans ces deux empires pour que de telles forces arrivent avec promptitude à leur destination. C'est la première fois, peut-être, que l'intérêt de la paix aura donné de pareils éléments à la guerre. On chercherait vainement dans l'histoire une alliance aussi formidable que celle de la France et l'Angleterre, avec des points d'actions maritimes et de débarquement aussi étendus que ceux que donne de son côté l'alliance de la Turquie.

revers, quoiqu'ils pussent tout attendre de leur désespoir et de leur ardeur belliqueuse, ils courraient le danger d'un nouveau démembrement, si les grandes nations qu'ils ont pour alliées ne venaient à leur secours, en leur donnant assez de sécurité pour n'avoir d'autre soin que celui d'arrêter ou de vaincre leur ennemi.

Le Sultan, fort de son droit et de l'amour de ses peuples, est prêt à se mettre à la tête de ses armées concentrées sur le Danube. L'Europe a reconnu la justice de sa cause, la France et l'Angleterre ont résolu de la défendre. Le temps est passé où la faiblesse d'un général ou la corruption d'un ministre donnaient à la Russie de faciles victoires ; le temps est venu où les guerres injustes, odieuses aux nations, tournent contre ceux qui les font. Les premières tentatives des troupes moscovites ont été repoussées avec éclat ; de grands événements se préparent, espérons que les folles exigeances du czar de toutes les Russies seront enfin réprimées et qu'un châtiment exemplaire attend à la fois et les auteurs du honteux désastre de Sinope et l'héroïque vainqueur, sans combat, de la tremblante Moldavie.

Tandis que le sultan juste, Abdul-Medjid, déjoue sur les bords du Danube les combinaisons violentes d'une insatiable ambition ; aussi habile que généreux, il anéantit les effets de la calomnie, de la corruption, de l'astuce prétendu religieux des agents du czar, en donnant à ses populations chrétiennes des libertés que ne connurent jamais les chrétiens de la Russie, et il présente au monde ému le sublime exemple d'un souverain mahométan, protecteur des chrétiens, luttant avec un souverain orthodoxe, qui conspire, qui soulève, qui dévaste, qui tue au nom du Christ (1). C'est d'un côté le comble de la grandeur, de l'autre le comble de l'impiété. Tel est, au vrai, l'état des choses. Telle est la politique humaine et civilisatrice du gouvernement ottoman (2).

Le Sultan conquiert tous les cœurs. Chaque jour il grandit, chaque jour il prouve combien il est digne de prendre place dans la grande famille européenne, quand, chaque jour, Nicolas voit s'évanouir l'idée qu'il a de sa prépondérance et se tacher les fruits verreux de sa politique.

Au Sultan donc l'honneur de relever un empire que la Russie voulait absorber (3). A lui l'honneur plus grand encore de prouver au monde que la justice, la modération, la loyauté, sont, en tout pays, les plus fermes soutiens des États.

(1) Nous verrons plus loin les expressions vraiment extravagantes du manifeste du czar, où l'on remarque entr'autres ces phrases pieuses :

« Dieu ! notre sauveur ! qui avons-nous à craindre ?

« Que le Christ ressuscite et que ses ennemis se dispersent ! »

(2) Toutes les munificences de la nature ont échoué longtemps contre l'apathie des Turcs et les vices de leur organisation sociale. Les réformes sont là, plus difficiles que partout ailleurs ; cependant, on peut juger par ce que fit Sélim III, de ce que pourrait faire Abdul-Medjid.

Ce fut encore moins l'inaptitude des habitants que les traités *prévoyants* de la Russie qui reculèrent toutes les améliorations projetées pour la Turquie par plusieurs sultans. Celui de 1829 reconnut le protectorat de la Russie sur les provinces danubiennes ; en 1832, la Russie s'immisça dans la querelle de Méhémet-Ali et se fit récompenser de ces secours par le traité d'Unkiar-Iskélessi qui lui accordait l'entrée du Bosphore, interdite à toutes les autres nations. — Chaque traité rapprochait le protecteur du protégé et sapait de plus en plus Constantinople et les frontières de l'empire ottoman.

(3) Ce fait ne peut plus être aujourd'hui l'objet du moindre doute ; les pièces diplomatiques publiées par l'Angleterre ouvriront les yeux des plus aveugles. La France les lit avec orgueil, car elle y voit qu'on l'a assez estimée pour ne pas lui proposer de prendre sa part d'une telle infamie.

POLITIQUE ANGLAISE.

Le ministère anglais si incertain en présence du parlement, fort inquiet, fort impatient de connaître la vérité, sortit enfin de son assoupissement dans la séance du 17 février 1854, où un des membres de la chambre des communes prononça d'assez dures paroles.—Il se plaignait de ce que le gouvernement n'avait fait entendre aucune protestation contre le passage du Pruth. Examinant ensuite la conduite du gouvernement anglais à l'égard de la Porte et de la France, cet orateur trouva que toutes les propositions ayant un caractère de vigueur et d'énergie sont venues du gouvernement français, dont la droiture et l'honnêteté, disait-il encore, contrastent avec la politique molle et irrésolue de l'Angleterre...C'était aller trop loin. Mais ces déclamations ne sont pas toujours sans effet; elles préparent les solutions. Voici, par exemple, celle que proposa l'orateur dont je parle: « Tant que les principautés ne seront pas
« à l'abri d'une intervention russe, tant que le Danube ne
« sera pas ouvert au commerce européen, que la mer Noire
« restera fermée, que la Circassie ne sera pas ouverte, que la
« grande route qui conduit en Perse par le Caucase ne sera
« pas coupée aux empiétements de la Russie, j'espère que
« l'Angleterre ne consentira pas à négocier, ou ne se sou-
« mettra pas à des conditions qui, après les calamités qu'on
« a endurées et le sang qui a été répandu, seraient une honte
« pour elle. »

Lord Joclyn parla dans le même sens.

« La question, dit-il, intéresse la liberté de l'Europe, et je soutiens que, du moment que le prince Menschikoff faisait son insolente demande, et que les Russes ont franchi le Pruth, il a été du devoir des puissances occidentales d'intervenir. Je ne saurais approuver la politique suivie par le gouvernement, parce qu'elle accuse un manque de vigueur et de résolution ; je lui reproche de se laisser tromper par la Russie, tandis qu'elle entre dans une alliance cordiale avec la France qui est si redoutée du czar. Je nie que la politique temporisatrice du gouvernement britannique, qui a sacrifié la flotte ottomane, ait isolé la Russie ou obtenu plus que la neutralité nominale de puissances allemandes..... »

Il était temps pour le gouvernement anglais de répondre catégoriquement. Lord John Russell le fit avec autant de talent que d'énergie; il posa nettement la question, il la grandit; il déclara que la conduite de la Russie était pleine de déception à l'égard de l'Angleterre ; que la mission du prince Menschikoff, que le comte de Nesselrode à Saint-Pétersbourg et le baron Brunow à Londres ne cessaient pas de représenter comme une mission de conciliation, n'était dans le fait, qu'une mission ayant pour but, de manière ou d'autre, d'assurer la supériorité de la Russie sur la Turquie, et de faire de la Turquie à l'avenir la sujette et la vassalle de la Russie. Ce n'était peut-être pas la prise de possession actuelle de la Turquie que voulait réaliser le czar, mais il voulait achever de la déconsidérer, afin de pouvoir plus aisément l'absorber plus tard.....

Après cette saine appréciation des choses, le ministre aborda le but de l'alliance entre la France et l'Angleterre, et il s'écria : « Notre devoir est de nous ranger du côté de la Turquie, « et de la défendre contre l'agression.

« Si l'on veut connaître nos ressources et nos arrange-
« ments, les voici, car le parlement a le droit de tout savoir.
« Les deux puissances ne sont mues par aucune arrière-
« pensée, aucun intérêt d'égoïsme, ni désir d'augmentation
« de territoire ou de puissance. Elles comprennent qu'il s'agit
« en premier lieu de l'indépendance de la Turquie, cette
« puissance outragée de la manière la plus cruelle et qui a
« résisté avec autant de fermeté aux injustes prétentions de
« la Russie.

« Il y a plus encore ; il s'agit de maintenir la paix de l'Eu-
« rope dont le czar est de gaîté de cœur le perturbateur. Il
« s'agit de rejeter sur la tête de ce perturbateur les consé-
« quences par lui si violemment et, je le crois, si imprudem-
« ment provoquées. Il s'agit de maintenir l'indépendance,
« non seulement de la Turquie, mais encore de l'Allemagne
« et de toutes les nations européennes.....

.   .   .   .

« Je crois qu'en entreprenant cette lutte, si nous n'avons
« pas l'assistance immédiate de l'Autriche et de la Prusse,
« ces puissances penseront du moins, non à aider la Russie,
« non à se lier vis-à-vis de la Russie, mais au contraire à
« user de toute leur influence, et, s'il en est besoin, à mettre
« en ligne leurs armées, pour l'arrêter dans ses projets de
« marche conquérante.

« Il me sera permis d'ajouter, qu'en entrant dans cette
« lutte, nous devons avoir la plus grande confiance et faire
« le plus grand fond sur nos alliés les Français; l'empereur
« Napoléon, dans toutes ces affaires et pendant toute une
« année de communication presque quotidienne, a été si

« franc, si ouvert, si droit, qu'il serait impossible de ne pas
« mettre en lui la plus grande confiance.

« J'arrive aux ressources nécessaires, je ne parle pas de
« *ce qui pourra le devenir ultérieurement*; je dis seulement,
« qu'au début de cette lutte, nous serons dans la nécessité
« d'ajouter une somme de 3 millions sterling au chiffre de-
« mandé l'année dernière. »

Le ministre a terminé ce discours remarquable par ce passage qui le couronne dignement.

« N'oubliez pas que la guerre entraîne avec elle de nou-
« velles charges; que nul d'entre vous ne suppose qu'il nous
« soit possible d'entrer en lutte contre l'empire de Russie,
« dans l'intérêt d'un Etat comparativement faible, sans avoir
« à faire des efforts considérables, et sans avoir à exiger du
« peuple d'Angleterre des charges plus lourdes que celles
« qu'il avait à supporter alors que nous étions en paix avec
« le monde entier. Si le peuple anglais n'est pas dans l'in-
« tention de supporter ces charges, alors qu'il ne fasse pas
« cette guerre; mais, s'il la fait, qu'il s'efforce de la mener
« à une heureuse issue. Dans le cas où, contre toute at-
« tente, l'empereur de Russie renoncerait à ses précédentes
« exigences; où, à la face de toute l'Europe qui désapprouve
« sa conduite, et de deux des nations les plus considérables
« de l'Europe, prêtes à entrer en guerre contre lui; dans le
« cas où il viendrait à reconnaître l'intégrité et l'indépen-
» dance de la Porte de la manière qui la peut seule garantir,
« nous nous en féliciterions. Mais, dans le cas contraire, si
« la paix ne peut pas se concilier avec notre devoir vis-à-vis
« de l'Angleterre, vis-à-vis de l'Europe et vis-à-vis du
« monde; si cette puissance énorme en est venue à ce point

« que *sa modération est plus ambitieuse que l'ambition des*
« *autres Etats;* enfin, si la Russie ne se contente pas de
« moins que de l'assujettissement de tout l'empire de Tur-
« quie et de la possession de Constantinople même; si tels
« sont ses rêves, si tel est son but, il ne nous reste plus qu'à
« nous efforcer d'entrer en lice avec un cœur fort, et de nous
« écrier : Que Dieu protége le bon droit! Quant à moi, de
« grand cœur, j'accepte ma part de responsabilité personnelle. »

Ce discours énergique, provoqué par un orateur de l'opposition, fit naître un incident des plus remarquables ; le
ministre avait demandé qu'on votât immédiatement les hommes et les fonds nécessaires, M. Disraéli prit la parole pour
repousser ce vote séance tenante, et cela par une considéra-
tion qui valait mieux pour le ministère que le vote demandé.

Voici ses paroles d'après le *Moniteur*.

« La réponse du noble lord John Russell au discours de
M. Layard a été digne de lui et digne de l'occasion. Le noble
lord a dit qu'il importait que le chiffre d'hommes demandé
par le gouvernement fût voté séante tenante : je ne le pense
pas. A mon avis, le vote ne saurait avoir lieu sans une discussion qui ne doit présenter, du reste, aucun inconvénient.
L'influence de notre exemple pourra s'exercer à l'étranger.
Les nations étrangères apprendront (d'après la nature des débats qui ont eu lieu ce soir dans le parlement anglais) qu'il
ne doit y avoir dans cette enceinte *aucune divergence d'opinion*
quant au chiffre des hommes à voter ou quant à tout autre
vote quelconque qui pourrait être nécessaire afin de soutenir
le gouvernement dans la poursuite d'une juste guerre. »

C'est dans de pareilles circonstances que l'opposition s'ho-

nore en se taisant, en se joignant au gouvernement, et que le
gouvernement reçoit d'elle un redoublement de puissance.

POLITIQUE FRANÇAISE.

La politique de la France, bien caractérisée dans les documents publiés par le ministre habile qui dirige nos rela-
tions extérieures, est pleinement confirmée par la lettre de
Napoléon III au czar Nicolas. Il faut en rapporter quelques
passages, quoique cet acte d'initiative personnelle soit dans
toutes les mémoires ; jamais, sans doute, l'autocrate russe n'en-
tendit un pareil langage.

« La Porte, blessée dans sa dignité, menacée dans son in-
« dépendance, obérée par les efforts déjà faits pour opposer
« une armée à celle de Votre Majesté, a mieux aimé déclarer
« la guerre que de rester dans cet état d'incertitude et d'a-
« baissement ; elle avait réclamé notre appui ; sa cause nous
« paraissait juste ; les escadres anglaise et française reçu-
« rent l'ordre de mouiller dans le Bosphore. — Il y avait,
« à l'entrée du Bosphore, 3,000 bouches à feu, dont la pré-
« sence disait assez haut à la Turquie que les deux premières
« puissances maritimes ne permettraient pas de l'attaquer sur
« mer. — Quand à la flotte russe, en lui interdisant la na-
« vigation de la mer Noire, nous la placions dans des con-
« ditions différentes ; parce qu'il importait, pendant la durée
« de la guerre, de conserver un gage qui pût être l'équiva-
« lent des parties occupées du territoire turc et faciliter la
« conclusion de la paix, en devenant le titre d'un échange
« désirable..... Ainsi, les troupes russes abandonneraient les
« principautés et nos escadres la mer Noire. »

La politique de la France ne pouvait être plus clairement indiquée; tout est précis, tout est digne, rien n'est comminatoire; on peut même remarquer dans cette lettre un passage qu'on aimerait mieux ne pas y trouver (c'est l'éloge du calme qui nait de la conscience de la force et de la modération digne du chef d'un grand empire). Ce passage était probablement sérieux alors; on le prendrait aujourd'hui pour une ironie, et il se termine très-bien en ce sens par ces mots : Votre Majesté avait déclaré QU'ELLE SE TIENDRAIT SUR LA DÉFENSIVE.

Quoique l'esprit de conciliatiom paraisse avoir dicté cette lettre de l'empereur, cela ne l'empêche pas de contenir un avertissement fort significatif qu'il est bon de reproduire :
« Si, par un motif difficile à comprendre, dit-elle, Votre Ma-
« jesté opposait un refus, alors la France, comme l'Angle-
« terre, serait obligée de laisser au sort des armes et aux
« hasards de la guerre ce qui pourrait être décidé aujour-
« d'hui par la raison et par la justice.»

La réponse du czar a été négative.

Le *Moniteur* du 19 février se borna à dire à la France qu'elle ne laissait pas de chances à une solution pacifique, et que nous devions nous préparer à soutenir, par des moyens plus efficaces, la cause que n'ont pu faire prévaloir les efforts persévérants de la diplomatie.

C'était assez pour préparer l'opinion publique.

— Le *Moniteur*, en parlant ainsi, n'a surpris ni effrayé personne. La France est à la hauteur des circonstances; elle saura prouver que, malgré tant d'accusations intéressées élevées contre ses sentiments politiques, elle est et veut rester la tête de la civilisation.

POLITIQUE DE LA RUSSIE.

Nous arrivons au moment d'examiner la conduite de la Russie et la lettre du czar qui est la plus pompeuse expression de ses desseins et le plus haut indice de ses illusions.

On s'est beaucoup récrié contre la publication de cette lettre; on l'a trouvée arrogante, on l'a trouvée stupide, on l'a trouvée généreuse; chacun l'ayant jugée au point de vue de ses opinions personnelles.

Cet acte n'a aucun de ces défauts, aucune de ces qualités.

Il est ce qu'il devait être; pour l'homme qui l'écrit, pour le peuple auquel il le communique.

Il est conforme à la politique russe; conséquemment empreint d'un vernis de civilité avec un fond d'astuce et d'inhumanité; oui, d'astuce et d'inhumanité; car on n'y prend nul souci de l'effusion du sang humain; l'*orthodoxie* est tout.

Malgré le rire d'incrédulité qui accueillit cette expression nouvelle en diplomatie; on y revient dans le manifeste qui parut le même jour que la lettre et qui en est, en quelque sorte, la conséquence inévitable.

Nous y reviendrons aussi.

Examinons d'abord les principaux arguments que le czar fait valoir, non pas pour justifier son agression, mais pour prouver qu'il y a été contraint.

« Si la Porte, dit sa lettre, avait été laissée à elle-même,
« le différend qui tient en suspend l'Europe *eût été depuis*
« *longtemps aplani;* UNE INFLUENCE FATALE est seule venue
« se jeter à la traverse, etc., etc. »

Evidemment, il s'agit ici de l'influence anglaise, de celle de l'ambassadeur britannique à Constantinople, qui lutta avec la plus grande énergie contre celle que voulait exercer l'ambassadeur de Russie, par l'arrogance et l'intimidation. Tout autocrate qu'il est, le correspondant de Napoléon III ne se serait pas permis une telle accusation si elle devait s'appliquer à l'Empereur français; on a pu l'induire d'une autre expression employée avec réflexion [1]. Mais l'induction n'est pas juste, car le mot serait une insulte toute gratuite, en réponse à une lettre pleine de convenance et de dignité, et, d'ailleurs, ce n'est pas, comme on le verra plus tard, à l'Empereur que le czar en veut le plus.

Cette INFLUENCE FATALE est partie des bords de la Tamise.

Il le sait, il peut être inquiet de l'alliance occidentale, il peut désirer de la dissoudre, il n'épargnera rien pour cela, et ce serait mal jouer son rôle que d'outrager Louis-Napoléon. Ainsi, considérons le mot comme non avenu, au moins par rapport à nous; et continuons :

« En provoquant des soupçons gratuits, dit le czar, en
« exaltant le fanatisme des Turcs, en égarant leur gouver-
« nement sur mes intentions et la vraie portée de mes de-
« mandes, elle a fait prendre (l'influence fatale) à la question
« des proportions si exagérées, *que la guerre a dû en sortir.* »

Est-ce de la guerre de Turquie que le czar entend parler ici? Assurément non. — Il y aurait dans l'allégation quelque chose de malhabile, puisque toutes les dispositions militaires de la Russie étaient prises bien avant la déclaration de la

(1) Voici la phrase autocratique : « Il eût été plus loyal et plus digne d'elle de me le dire franchement d'avance, en me déclarant la guerre. Chacun alors eût connu son rôle.

France et de l'Angleterre. La guerre a dû sortir des *proportions exagérées* qu'on a données à la question. Qui les a données? La France et l'Angleterre. C'est donc de la guerre avec les puissances occidentales qu'il s'agit. Il ne s'y attendait pas, sans doute, autrement il aurait regardé à deux fois la cause, le but et les conséquences.

Le différend avec la Porte ottomane était si minime aux yeux de l'autocrate, qu'il ne pouvait pas croire que l'Angleterre pût s'y mêler.

Il s'était trompé, et c'est cette erreur qu'il déplore avec tant d'amertume, sans vouloir en convenir. Il se dit, dans son isolement, il est trop tard pour reculer, et je n'ose plus avancer. J'étais en mesure pour effrayer la Turquie, pour lui arracher de nouvelles concessions, pour faire un pas de plus sur Constantinople. Le suis-je pour résister aux injonctions de la France et de l'Angleterre. — La question est grave, le cas embarrassant.

Revenons encore à ses paroles; elles sont plus claires que ne pourraient l'être les nôtres.

« L'occupation des provinces danubiennes, *purement éven-*
« *tuelle encore*, a été devancée et en grande partie amenée
« par un fait antérieur, fort grave, celui de *l'apparition des*
« *flottes combinées* dans le voisinage des Dardanelles, outre
« que déjà, bien auparavant, *quand l'Angleterre hésitait en-*
« *core*, Votre Majesté *avait la première* envoyé sa flotte *jus-*
« *qu'à Salamine. Cette démonstration blessante* annonçait,
« certes, peu de confiance en moi. »

Il n'y a pas un mot dans ce passage qui n'ait une certaine

importance. Au point de vue russe, on persiste à vouloir persuader au monde que l'invasion des principautés n'avait pas la portée qu'on lui a donnée. *L'occupation était purement éventuelle.* — La contexture de la phrase indique qu'on ne serait pas fâché de faire croire qu'elle n'a pas cessé de l'être.

Votre Majesté avait *la première* envoyé sa flotte à Salamine. Le trait est direct; mais s'il prouve le fondement du mécontentement du czar, il prouve aussi que le gouvernement ne s'était pas mépris sur l'effet de cette démarche significative, et que, lorsqu'on l'accusait en France de donner un coup d'épée dans l'eau, il donnait, au contraire, un coup qui atteignait Nicolas au cœur. — Cette démonstration, qu'on considérait en France comme insuffisante, comme inconsidérée, l'autocrate de toutes les Russies la considérait comme blessante, et d'autant plus que l'Empereur français avait le premier donné le signal de l'hostilité. Il faut bien qu'il en soit ainsi, puisque l'orgueil autocratique en convient. L'empereur de Russie développe, même très-bien, les conséquences de cette démonstration sur les Turcs qu'elle encourageait, dit-il, et sur les négociations dont elle *paralysait le succès.* Il ressort parfaitetement de tout ceci que le gouvernement français a pris une initiative honorable, dangereuse, peut-être, mais glorieuse pour sa politique, en présence de l'Angleterre incertaine et attendant pour se prononcer officiellement que son ambassadeur lui ait écrit : Il est temps.

« Les puissances, dit encore le czar, pour peu qu'elles
« voulussent sérieusement la paix, *étaient tenues* à réclamer
« d'emblée l'adoption pure et simple de la note de Vienne, au
« lieu de *permettre à la Porte* de modifier ce que nous avions

« adopté sans changement. Malheureusement une partie de
« la flotte anglo-française était déjà entrée dans les Darda-
« nelles, *sous prétexte* d'y protéger la vie et les propriétés des
« nationaux anglais et français; et, pour l'y faire entrer tout
« entière, sans violer le traité de 1841, il a fallu que la
« guerre me fut déclarée par le gouvernement ottoman. »

Il y a dans ce langage une âcreté qui décèle le dépit qu'é-
prouve l'autocrate de toutes les Russies à trouver sa diplomatie en défaut. Ces mots, *sous prétexte*, sont un peu forts, il
faut en convenir. Comment! les principautés étaient envahies,
Constantinople menacé, et les flottes n'avaient pas le droit
de faire acte de présence! Fallait-il donc attendre que le czar
eût détruit l'armée turque pour venir au secours de la Turquie?

« Selon l'opinion du czar, si la France et l'Angleterre
« avaient voulu la paix *comme lui*, elles auraient dû *empê-*
« *cher, à tout prix*, cette déclaration de guerre, ou, la guerre
« une fois déclarée, faire au moins en sorte qu'elle restât
« dans les limites étroites *qu'il désirait lui tracer sur le*
« *Danube*, afin qu'il ne fût pas arraché de force au système
« *purement défensif* qu'il voulait suivre. »

Il eut sans doute été fort agréable au czar que la Turquie
put croire qu'elle avait contre elle la France et l'Angleterre;
la guerre eut été bientôt finie.

Mais quelles raisons pouvaient avoir la France et l'Angleterre
de suivre l'opinion du czar? et surtout de favoriser ses entreprises contre une nation dont l'existence a été déclarée nécessaire à l'équilibre européen? Empêcher à tout prix la décla-

ration de guerre de la Turquie humiliée par l'occupation d'une partie de son empire, était chose assez difficile. Le czar parle de la Turquie en homme qui sait comment le fort sait dominer le faible; mais la France ne pouvait rien de ce qu'aurait voulu la Russie. Elle ne pouvait et ne devait rien tenter de semblable. Si la guerre a été déclarée, c'est que le czar l'a voulu; cette guerre était conforme à ses vues; elle était le complément de son système de *protection des sujets turcs*. Quant à faire en sorte que la guerre déclarée restât dans les limites que le czar désirait lui tracer, cette conduite des puissances occidentales eût été purement et simplement un abandon de tous les droits résultant des traités faits dans l'intérêt de l'Europe entière; une sanction tacite des prétentions de la Russie sur la Turquie; un moyen de les lui laisser accomplir le plus facilement et le plus promptement possible. Cette conduite, il faut bien le dire, eût été une véritable trahison.

Il est évident que l'embarras dans lequel se trouve la Russie ôte à son autocrate la libre disposition de son esprit, si fécond quand il se trouvait tête-à-tête avec la Turquie; c'est là ce qui fait le mal, ce qui envenime la querelle. Nous allons en trouver d'autres preuves, non moins claires, non moins positives, et toutes émanant de l'initiative personnelle du czar Nicolas.

Il est essentiel de bien peser les paroles suivantes :

« Si le rôle de *spectateur*, ou celui de médiateur même, ne
« suffisait pas à Votre Majesté et qu'elle voulut se faire l'*auxi-*
« *liaire armé* de mes ennemis, alors, sire, *il eût été plus loyal*
« et plus digne d'elle de me le dire franchement d'avance,
« *en me déclarant la guerre*, chacun alors eût connu son rôle. »

L'irritation emporte ici le czar au-delà de toutes les limites
d'une discussion entre souverains. Il n'est pas un mot qui ne
blesse et qui ne soit une invective. Il eût été plus loyal, sont
des expressions qu'on n'emploie guère qu'avec un fripon, un
imposteur. A quel propos aussi la France eût-elle déclaré cette
guerre à laquelle elle ne songeait pas? C'eût été gratuitement
aggraver l'oppression de la Porte ottomane. Le rôle de la
France eût été odieux si elle eut abandonné le sultan; plus
odieux encore si, en déclarant la guerre au moment où elle
n'était pas préparée à la faire, elle eût ainsi motivé toutes les
violences et toutes les exigences de la Russie. Cela pouvait
convenir au czar, mais ne convenait nullement aux puissances occidentales.

Plus le czar avance dans sa polémique, plus il s'irrite; il
n'admet pas surtout qu'on blâme l'exploit de Sinope, pour lequel il a donné de brillants éloges et de belles récompenses.

« Si les coups de canon de Sinope, dit-il, ont retenti
« douloureusement dans le cœur de tous ceux qui, en France
« et en Angleterre, ont le vif sentiment de la dignité natio-
« nale, Votre Majesté pense-t-elle que *la présence menaçante*
« *à l'entrée du Bosphore* des trois mille bouches à feu dont
« elle parle, *et le bruit de leur entrée dans la mer Noire*, soient
« des faits restés sans écho dans le cœur de la nation dont
« j'ai à défendre l'honneur? »

Voilà une récrimination qui est aussi injuste qu'elle est
tardive. — Elle est sans intérêt, puisque le massacre de Sinope est de beaucoup antérieur à l'apparition hostile des
flottes dans la mer Noire.—Il suffit pour s'en convaincre de

rapprocher les dates des événements. Il est constant que l'escadre française n'a mouillé dans la baie de Salamine, au mois de mars, que parce que depuis le mois de janvier des rassemblements de troupes se formaient sur la frontière de la Turquie. Que les forces navales de France et d'Angleterre ne se sont rendues vers les Dardanelles qu'à la fin du mois de juin et lorsque l'armée russe occupait les rives du Pruth, et que la résolution de franchir cette limite de l'empire ottoman était hautement annoncée à la fin du mois de mai; que nos flottes n'ont été plus tard à Constantinople que parce que le Pruth était passé et les principautés envahies; qu'enfin les flottes ne sont entrées dans la mer Noire que parce que les vaisseaux russes avaient anéanti la flotte turque embossée sans défiance dans le port de Sinope; or, la destruction de la flottille turque, à l'ancre dans un port turc, avant toute déclaration de guerre, en même temps, au contraire, qu'on affichait des sentiments pacifiques, eût été un acte déloyal quand les flottes combinées auraient été dans la mer Noire; mais dans les circonstances où les faits se sont passés, cet acte de barbarie atroce prouve une duplicité qui rend suspecte, au plus haut point, les déclarations bienveillantes dont on fait tant d'étalage et de plus que tout avait été préparé de longue main pour une guerre terrible contre la Porte ottomane.

Le czar a craint sans doute que les paroles que nous avons rapportées ne produisissent pas assez d'effet; il lui a plu d'outrager la France elle-même, présumant bien que Napoléon III sentirait plus vivement une insulte au pays que celle qui lui serait personnelle. Voici cet étrange passage :

« Quoique Votre Majesté décide, ce n'est pas *devant la*

« *menace que l'on me verra reculer;* ma confiance est en
« Dieu et dans mon droit, et la Russie, j'en suis garant,
« saura se *montrer en 1854 ce qu'elle fût en 1812* ».

N'y a-t-il pas là un peu de forfanterie, et même de folie?..
On peut parler ainsi au peuple russe, mais on ne tient pas
sérieusement un tel langage à l'Europe témoin des faits. In-
voquer le souvenir de 1812, de cette année trois fois néfaste
où la Russie fut vaincue, où elle fut aculée de défaites en défaites derrière sa capitale; où de ses propres mains elle in-
cendia Moscou pour affamer l'armée française; où une re-
traite désastreuse par la fureur des élémens plus que par les
combats, ne laissa aux Russes que des dépouilles à enlever
aux morts de froid, aux voitures sans conducteurs et sans
chevaux, aux mourans sans défense; c'est oublier, c'est con-
trouver l'histoire. Il faut être bien mal inspiré, bien malheureusement préoccupé de ce qui va se passer, pour comparer
la grande invasion de 1812, terminée par la bataille et l'in-
cendie de Moscou, avec l'invasion en temps de paix de deux
provinces amies, avec les petits combats qui désolent les rives
du Danube, sans résultats pour le plus fort, sans gloire pour
les plus nombreux ; où, en un mot, le plus fort et le plus faible
sont tour à tour et vainqueurs et vaincus. Il est un autre rap-
prochement qui, à plus juste titre, devrait frapper le czar :
c'est que sans *l'obstination* de l'autocrate français à rester
dans Moscou, il pouvait l'année suivante dicter ses conditions
à Saint-Pétersbourg. Napoléon, resistant aux conseils de ses
généraux, à ceux de la prudence, donna une nouvelle sanction
à cette vérité :

L'obstination perd plus d'empires que les armées n'en sauvent.

Nous arrivons à la partie la plus curieuse, la plus conforme
à la politique cauteleuse de la Russie. Ce paragraphe, mérite
d'être médité; il le sera plus par ceux qui le liront qu'il ne
l'a été par celui qui l'a fait.

« Si, toutefois, » dit le czar, de ce ton aigre et mielleux,
tour à tour, et qui lui fait non moins d'ennemis que d'amis.

« Si, toutefois, Votre Majesté, *moins indifférente à mon hon-*
« *neur,* en revient franchement à notre programme; si elle
« *me tend une main cordiale,* comme je la lui offre en ce der-
« nier moment, j'oublierai volontiers ce que le passé peut
« avoir eu de blessant pour moi. — Alors, Sire, mais alors
« seulement, nous pourrons discuter et *peut-être nous enten-*
« *dre. Que sa flotte se borne à empêcher les Turcs de porter de*
« *nouvelles forces sur le théâtre de la guerre,* je promets volon-
« tiers qu'ils n'auront rien à craindre de mes tentatives; qu'ils
« m'envoyent un négociateur, je l'accueillerai comme il con-
« vient. *Mes conditions sont connues à Vienne. C'est la seule*
« *base sur laquelle il me soit permis de discuter.* »

C'est-à-dire que le czar, avec cette modération, ce désir de
la paix qu'il exprime si bien, exige de l'Empereur français
ce qu'il n'obtiendrait pas après une bataille gagnée. — Comment! pour arriver à reprendre des négociations, dans lesquelles
on pourrait *peut être s'entendre,* il faut que la France commette
l'action la plus basse qui se puisse imaginer!... que sa flotte,
armée pour soutenir la Turquie et pour faire respecter les
traités européens, se tourne contre la Turquie et contre l'Europe elle-même, puisqu'empêcher les Turcs de centraliser
leurs forces sur les points où se livreront les combats, c'est

3

assurer, c'est protéger, reconnaître augmenter la prépondérance de la Russie. Proposer de telles transactions, n'est-ce pas dire qu'on veut la guerre? C'était assurément un soin superflu au point où sont arrivés les hommes et les choses.

Si maintenant l'on pèse équitablement le langage des deux empereurs, on reconnaît que celui de Napoléon III est franc et net et qu'il démontre que le droit des gens a été violé. Que celui du czar est saccadé comme la voix de la colère; qu'il est en contradiction avec les faits et les documents diplomatiques, et qu'il a fallu que le czar en vint là pour donner une apparence de justice à ses récriminations. On reconnaît aussi que la France et l'Angleterre n'ont rien fait dans l'intérêt général auprès de la Turquie, que ce que la Russie a fait vingt fois dans son intérêt personnel; le czar en convient même en se plaignant de ce qu'on n'a pas assez pesé sur les délibérations du divan.

Les peuples de France et d'Angleterre n'ont jamais cru à l'intérêt réel de l'autocratie pour les lieux saints; ils croyent à des vues ambitieuses et dominatrices, non-seulement sur la Turquie, mais sur l'Autriche et l'Allemagne, sur la Grèce et sur la Méditerranée. Tout le monde sait que les chrétiens d'Orient jouissent de plus de liberté en Turquie qu'en aucune partie de la Russie; tout le monde sait que le gouvernement turc, s'inspirant des idées de tolérance qui accompagnent toujours la civilisation, a émancipé les chrétiens laïques de l'autorité des prêtres grecs et assuré la liberté absolue de conscience; tout le monde espère que la liberté civile suivra de près ces grandes améliorations, et que plus ces sentiments jet-

teront de racines dans un sol remué par tant de révolutions,
plus impossible deviendra le succès des entreprises de la Russie sur Constantinople. Le sultan a parfaitement compris sa
position à l'égard des chrétiens qu'il protége, aussi bien qu'à
l'égard de la Russie, qui a bien ses raisons pour vouloir les
protéger aussi.

A qui persuaderait-on, par exemple, que l'insurrection de
la Grèce n'est pas l'œuvre de la protection russe? Est-ce que
ce qu'elle fait en ce moment n'est pas le pendant de la protection accordée à la Pologne? — Souffler le feu, puis arriver en
protecteur pour l'éteindre et s'emparer du sol, telle fût toujours
la marche de ce gouvernement, saintement parjure, chrétien-
nement sanguinaire, et se jouant des désastres d'une guerre
sans gloire, dût l'Europe entière en souffrir et le couvrir de ses
malédictions. Qu'on y prenne garde la protection de la Moldavie aura une conséquence à laquelle l'autocrate du nord n'a
pas songé. Le souvenir de ses bienfaits entretiendra dans le
cœur des Osmanlis le double fanatisme d'une religion qui se
lie à la politique et de l'amour de la patrie qui est pour les
Turcs une sorte de religion, ou si l'on veut, un second, un
puissant, un sublime fanatisme. On a tout fait pour inspirer
de l'exaltation, on en aura autant d'un côté que de l'autre,
car rien ne prouve mieux, de la part du czar, la volonté de
combattre à outrance que les termes du manifeste publié tout
exprès, pour exciter le fanatisme religieux.

« Nous avions espéré, dit le czar à ses peuples, que la ré-
« flexion et le temps convaincraient le gouvernement turc de
« son erreur suggerée *par de perfides insinuations*, dans les-
« quelles on représentait nos prétentions justes et fondées sur

« les traités, comme un empiétement sur son indépendance
« cachant des arrières-pensées de domination.

« Mais vaine a été jusqu'à présent notre attente.....

« Ainsi, contre la Russie *combattant pour l'orthodoxie,* se
« placent à côté des ennemis de la chrétienté, l'Angleterre et
« la France. *Mais la Russie ne manquera pas à sa sainte voca-*
« *tion,* et, si sa frontière est envahie par l'ennemi, nous sommes
« prêts à lui faire tête avec l'énergie dont nos ancêtres nous
« ont légué l'exemple. Ne sommes-nous pas aujourd'hui en-
« core ce même peuple russe *dont la vaillance est attestée*
« *par les fastes mémorables de l'année* 1812?—Que le Très-
« Haut nous aide à le prouver à l'œuvre. Dans cet espoir,
« combattant *pour nos frères opprimés* (1), qui confessent la foi
« du Christ, la Russie n'aura qu'un cœur et une voix pour
« s'écrier : *Dieu notre Sauveur! qui avons-nous à craindre?*
« *que le Christ ressuscite et que ses ennemis se dispersent. . .* »

Cette dernière phrase, rapprochée de celle qui commence
ce paragraphe, où l'autocrate déplore la coopération de deux
nations chrétiennes, semble indiquer aux Grecs et aux Russes
que la résurrection du Christ dispersera les Anglais et les
Français, quoique chrétiens. Oh! la bonne orthodoxie!...

Quelque ridicule qu'il paraisse à ceux qui le jugent au point
de vue français, ce manifeste est pourtant parfaitement appro-
prié au génie des peuples auxquels il est adressé. On veut
une guerre sainte, comme jadis en Algérie; on emploie les
mêmes moyens, espérons qu'on obtiendra les mêmes résultats.

(1) Les frères opprimés, ce sont les Grecs sujets du Sultan; c'est
pour les soulever qu'on publie de pareilles exagérations, sans citer un
seul fait à l'appui de cette plainte fraternelle.

QUESTION D'ORIENT AU POINT DE VUE EUROPÉEN.

Après avoir esquissé le tableau des misères de la guerre d'Orient, sous le rapport des intérêts de la Turquie, de la France et de l'Angleterre, il nous reste à considérer la question au point de vue des intérêts européens. Quoiqu'ils se confondent avec ceux des puissances belligérantes, il est cependant des points capitaux qui n'ont pas encore été suffisamment envisagés et qui méritent une attention spéciale.

Il est évident que la Russie, malgré ses dénégations, malgré ses protestations pacifiques, veut la dislocation de l'empire ottoman ; c'était le vœu de Pierre Ier, ce fut celui de Catherine II ; il en fut question sous le pavillon du Niémen, où le traité de Tilsitt se débattit entre les deux empereurs en expectative d'Orient et d'Occident. Il serait donc bien superflu de développer encore une vérité palpable pour les esprits les moins exercés aux affaires politiques.

La destruction de l'empire d'Occident ayant été jurée, effectuée par l'Europe en 1814, avant qu'il ne fut complétement achevé, la Russie fit trêve à ses projets sur la Turquie pendant les grands débats de 1814 et 1815, où ses armées avaient horriblement souffert.

Il n'en est plus de même aujourd'hui. Elle est embarrassée d'un luxe de population qui l'inquiète ; elle n'a plus l'emploi de ses trésors de papier-monnaie ; elle ne sait plus que faire de ses 1,200 mille soldats, toujours couverts des lauriers du Caucase et de la Vistule ; il lui faut la guerre, il lui faut Constantinople, pour compléter son empire d'Orient.

Le moment est venu, peut-être, d'examiner si l'Europe n'est pas à l'égard de la Russie dans la situation qui lui fut faite en 1810 à l'égard de la France;—si l'Europe peut rester indifférente à un débat où s'agitent ses plus graves intérêts; — si l'Europe, qui n'a pas voulu supporter le joug éclatant d'un grand homme et d'un grand législateur, employant tout son ascendant à répandre les lumières, les arts et la civilisation, se sent disposée à supporter celui de l'autocrate qui, sans avoir jamais livré un combat, sans pitié, sans affection pour son peuple, sans humanité pour les autres, n'a d'autre sentiment que celui d'un orgueil irascible, d'autre loi qu'un despotisme avilissant pour l'espèce humaine.

A vrai dire, la Russie a soulevé moins d'irritation par ses conquêtes clandestines sur la Perse, sur la Suède, sur la Chine, sur la Pologne et sur la Turquie, que la France par ses grandioses batailles de Zurich, de Hoenlenden, de Marengo, de Rivoli, d'Iéna, d'Austerlitz et de Wagram ; on est donc bien plus tolérant pour les petites usurpations de la Russie, qui n'ont humilié aucune nation occidentale, qu'on ne le fut pour les conquêtes de la France. Mais les nations amies de la paix se soulèvent d'indignation à l'idée qu'il suffit de la volonté d'un despote pour remplacer partout l'industrie par le désordre, et la prospérité par la misère. Elles se disent à leur tour : qu'il suffirait d'un homme de génie pour les armer spontanément contre cette volonté envahissante et pour mettre en morceaux ce vaste échiquier de cent couleurs qu'on appelle les Russies. Cela serait d'autant moins difficile que tous les peuples escamotés par les czars ont, par antipathie, conservé leur nationalité, malgré les efforts de fusion tentés par le gouvernement russe. Il n'y a pour cela qu'une chose à faire : Il faut, dit-on, que les quatre grandes puissances unies à la Turquie fassent un ukase européen, portant que la Pologne, la Suède, la Turquie, sont reconstituées telles qu'elles étaient avant les usurpations de la Russie.

Telle est l'idée qui fermente dans toutes les têtes anglaises, allemandes et françaises.

Elle est simple, elle est grande, comme toute idée éminemment populaire; mais l'exécution présente une multitude d'obstacles que quarante ans de guerre ne surmonteraient peut-être pas. Ainsi, le remède serait pis que le mal.

Le seul moyen de terminer ce grand différend, si cruel pour les populations industrieuses, si odieux pour les mères de famille, si antisocial, si antichrétien, c'est l'exécution des traités, c'est de suivre imperturbablement la voix ouverte par la France et l'Angleterre. — L'Europe sera assez vengée.

Il n'est pas possible, en effet, que la Russie tienne deux ans dans cet état de choses qui arrête tout dans ce pays où il y a tant à faire. Son commerce est aux abois, son armée décimée par les maladies et par la désertion, ses généraux sans confiance, sa marine bloquée; comment donc pourrait-elle continuer la guerre dans des pays déjà ruinés? comment, malgré ses levées d'hommes, pourrait-elle en équiper assez pour résister aux troupes françaises, anglaises, aux troupes ottomanes, enhardies par l'inaction des armées moscovites, et à l'humiliante indisponibilité de ses flottes?

Si cette opinion est juste aujourd'hui combien ne le serait-elle pas plus encore si les escadres alliées détruisaient ou capturaient ces vaisseaux, ces marins qui ont tant coûté à la Russie et qu'il lui serait si difficile de remplacer!

Les Russes ont sur nous l'avantage d'être chez eux, mais nous avons sur eux celui de pouvoir les attaquer sur tous les points où il nous plaira de conduire les forces de la France et de l'Angleterre, en même temps que la Turquie défendra ses frontières. La mer est fermée aux Russes, elle nous est ouverte.—Ils peuvent sans doute s'enfuir dans leurs déserts, et nous ne pouvons les y suivre; mais, s'ils y rentraient, ce serait nous livrer le littoral, c'est-à-dire, leurs richesses, leurs ressources, leur puissance.

Privée d'importations, d'exportations, que ferait la Russie de ses produits qui font sa fortune? que deviendrait-elle sans ceux qui lui sont nécessaires? N'est-ce pas la gêne que lui imposait le blocus continental qui l'arma, qui lui fit braver le hasard des batailles?... Pendant ce blocus, elle avait contre elle l'Angleterre, mais pour elle était la France. Elle ne pût cependant y tenir; elle fléchit devant la nécessité. Comment supporterait-elle son isolement aujourd'hui qu'elle a tout à la fois contre elle la France, l'Angleterre, la Turquie en vingt points de débarquement pour les opérations continentales ou maritimes.

Le czar comprend enfin sa position; il en sent la gravité, il se défend de ses actions, et plus il s'en défend plus il prouve qu'elles sont pesantes pour lui. Nous avons vu combien le servaient mal sa lettre à Napoléon III et son manifeste de février. Le voilà qui, maintenant, fait pour se justifier des confidences qui achèvent de convaincre l'Europe du fondement des accusations qu'elle porte contre lui!

Peut-on rien imaginer de plus imprudent que le document du 2 mars 1854, où l'on trouve la confession suivante :

« *Depuis l'année* 1829, S. M. suivait avec une sérieuse attention la marche des événements en Turquie. L'empereur ne pouvait fermer les yeux aux conséquences des changements qui tour à tour s'étaient introduits dans l'existence de cet État. Aux causes permanentes et toujours croissantes de dissolution étaient venu s'ajouter récemment d'autres complications (celles des lieux saints), qui, en entraînant une sourde fermentation parmi les populations chrétiennes, pouvaient, d'un jour à l'autre, déterminer une catastrophe nouvelle qu'il était instant de prévoir.

« Pénétré de l'extrême importance d'une pareille éventualité, entrée presque à cette époque dans le domaine du possible, — sinon entièrement du probable ; — convaincu des suites désastreuses qui pourraient en résulter, l'empereur éprouva le besoin de s'assurer par avance si le gouvernement anglais partageait ses appréhensions. Il voulait surtout éloigner, par une franche entente préalable, tout sujet de désaccord entre la Grande-Bretagne et lui. »

Que signifient de telles paroles, si elles ne prédisent pas la chute de l'empire turc et l'intention de s'en emparer, au préjudice de tous les intérêts attachés à sa conservation ?

Ainsi se trouve prouvée la justice des doléances que font entendre les populations autrichiennes, prussiennes, allemandes et suédoises. — Ainsi sont justifiées les prévisions de la France et le droit de l'Angleterre d'accuser l'autocrate russe de vouloir, en 1854, ce qu'il voulait en 1829, et 1844. _

L'état de subordination dans lequel sont les nations allemandes, les forcera-t-il de rester inutiles spectatrices d'un débat qui les touche de si près ? — Dans la réponse à cette question, se trouve l'importante solution que l'Europe attend avec anxiété.

A l'époque de 1829, où l'empereur de Russie manifestait déjà ses velléités sur la Turquie, les traités de 1815 étaient dans toute leur force; on n'y avait encore porté aucune atteinte. Ils étaient respectés de toutes les puissances, et l'autocrate orthodoxe, seul, proposait de les anéantir à son profit. L'Angleterre ne se laissa pas prendre au piége qu'on lui tendait; elle résista, ce qui n'empêcha pas le czar de revenir à la charge en 1844 et en 1853.

On s'étonne, à bon droit, qu'un diplomate aussi consommé ait pu faire une telle proposition; — on s'étonne encore plus qu'après un refus de concours, il ait osé publier un tel fait et le donner comme un témoignage de désintéressement et de bonne foi. — La tâche était difficile. — La justification parut plus qu'incomplète. Le document fut, toutefois, déclaré vrai; mais les conséquences qu'on en tirait furent repoussées comme fausses, et, par droit de représaille, le ministère anglais publiant une partie seulement de la correspondance invoquée par le czar, on en vit sortir la certitude de la proposition faite par lui de traiter la Turquie comme autrefois on avait traité la Pologne.

Il ne s'agit plus maintenant de présomptions plus ou moins concluantes. Des faits, des actes publics viennent prouver à tous les peuples, juges de ce grand débat, dans la mesure de leurs intérêts nationaux, que leur simple bon sens les avait avertis des dangers dont ils sont menacés.

Quelle preuve plus éclatante du mécontentement, des inquiétudes de l'Allemagne, que les manifestations que l'Autriche et la Prusse s'efforcent de comprimer. L'amitié du roi de Prusse pour l'autocrate qui viole les traités, qui blesse les intérêts les plus graves, importe peu à l'Allemagne; il lui importe moins encore que l'autocrate ait aidé l'Autriche à dompter l'insurrection hongroise? Il n'y a là que des ques-

tions d'homme à homme, des services intéressés, si l'on veut;
mais les nations ne peuvent en être victimes, elles rou-
gissent de ces neutralités qui ne sont que des trahisons en
expectative; elles en voient, elles en sentent déjà le contre-
coup; elles pensent, à tort sans doute, mais elles pensent que
l'Angleterre et la France mettront un terme aux hésitations
mal calculées du roi de Prusse et de l'empire d'Autriche,
évidemment contraires aux intérêts de cette grande agréga-
tion de peuples divers qui composent la bonne, la grande,
l'intelligente et patriotique Allemagne.

L'autocrate, habitué à tromper ses peuplades ignorantes
et sa noblesse qui veut bien, courbant la tête, avoir l'air d'ap-
plaudir, se fait une étrange illusion s'il croit tromper aussi les
peuples de l'occident, et trouver dans leur gouvernement le
langage et la soumission de ses grands vassaux. Ses finesses
diplomatiques n'abusent que lui.

Ce langage astucieux d'un memorandum de 1844 : « La
« Russie et l'Angleterre ont un égal intérêt à unir leurs ef-
« forts pour affermir l'existence de l'empire ottoman et pour
« écarter les dangers qui peuvent compromettre sa sécurité.»
Ce langage a été traduit en Angleterre par cette autre pensée : « La Russie veut le renversement de l'empire ottoman,
« on ne saurait surveiller ses projets, ses démarches avec trop
« de sollicitude; préparons-nous donc à la plus vigoureuse
« résistance et, s'il le faut, à la guerre. »
Nicolas ne tarda pas à s'apercevoir de l'opinion du gouvernement anglais. Il louvoya, mais il n'abandonna jamais son
idée fixe. Il modifia l'expression, il tourna la difficulté, il
souleva des points de contact. Il accrédita ce principe que,
chaque fois que la Porte manque à ses obligations envers

l'une des grandes puissances, il est de l'intérêt de toutes les autres de lui faire sentir son tort et de l'exhorter sérieusement à faire droit au cabinet qui demande une juste réparation. *Dès que la Porte ne se verra pas soutenue* par les autres cabinets, disait-il encore dans ce memorandum, ELLE CÉDERA.

O Machiavel ! es-tu ressuscité dans les murs de Moscou ? Comme ici la convoitise russe sonde impudemment la convoitise anglaise, et comme l'autocrate donne beau jeu à la politique de son adversaire !... Le gouvernement anglais ne rejeta pas d'abord ces propositions par insinuation. Il laissait ainsi s'enferrer l'ambition moscovite, sans la désabuser, mais sans y souscrire. Le ministère anglais de 1844 savait très-bien que, quelque fussent ses successeurs, il y aurait entre tous les hommes d'État unité de vue, et que dès-lors le czar, quoi qu'il fît, n'arriverait jamais à son but sans une opposition énergique de l'Angleterre et de la France.

L'astucieux Nicolas ne crut pas non plus à l'indifférence de l'Angleterre ; il pensa charitablement qu'elle le jouait ; il chercha le moyen de la déterminer à accepter, et voici les arguments qu'il croyait les plus propres à l'ébranler.

« On ne saurait se dissimuler combien cet empire renferme d'éléments de dissolution. Des *circonstances imprévues peuvent hâter sa chûte, sans qu'il soit au pouvoir des cabinets amis de la prévenir.*

« Dans l'incertitude qui plane sur l'avenir, une seule idée fondamentale semble d'une application vraiment pratique : c'est que le danger qui pourra résulter d'une catastrophe en Turquie sera diminué de beaucoup si, le cas échéant, la Russie et l'Angleterre s'entendent sur la marche qu'elles auront à adopter en commun. »

Il n'est pas possible de douter ici de l'intention d'arriver au partage. Ces mots *chûte, catastrophe*, expliquent tout. Cependant l'Angleterre ne répondit pas encore. Il fallut donc frapper le dernier coup. C'est alors que le czar promit l'assentiment complet de l'Autriche, et qu'il termina sa proposition par ces insolentes paroles :

« Si nous prévoyons que l'empire ottoman doit crouler, il faudra se concerter préalablement sur tout ce qui concerne l'établissement *d'un nouvel ordre de choses, destiné à remplacer celui qui existe aujourd'hui*, et veiller en commun à ce que le changement survenu dans la situation intérieure de cet empire ne puisse porter atteinte ni à la sûreté de leurs propres États, ni aux droits que les traités leur assurent respectivement, ni au maintien de l'équilibre européen.

« Dans ce but, ainsi formulé, la politique de la Russie et de l'Autriche se trouve étroitement liée par le principe d'une parfaite solidarité. Si l'Angleterre, comme principale puissance maritime, agit d'accord avec elles, *il est à penser que la France se trouvera dans la nécessité de se conformer à la marche concertée entre Saint-Pétersbourg, Londres et Vienne.* »

Ces principes une fois arrêtés, que faut-il à la Russie pour amener la catastrophe? Des intrigues, des outrages, des séditions. Nous avons vu plus haut qu'elle fut, à cet égard, sa fécondité et celle de ses agents, soit en Autriche, soit en Turquie, soit surtout en Grèce. Tout a été préparé avec habileté pour endormir l'Europe et amener promptement la chûte de l'empire ottoman. Il est seulement évident que l'autocrate, comptant sur l'Autriche, la Prusse, l'Allemagne et la famine, qui mettait, selon lui, la France hors d'état d'agir, fit de dernières tentatives dont l'insuccès le détermina à se passer du concours de l'Angleterre.

Il n'est plus permis de douter de ces tentatives depuis que le gouvernement anglais a fait publier la correspondance de son ambassadeur, par suite d'une inconvenante publication faite à Saint-Pétersbourg. Il résulte, en effet, d'une lettre du 11 janvier 1853, que le czar, revenant à ses idées de 1844, dit à l'ambassadeur d'Angleterre : « Il est essentiel que les deux gouvernements, c'est-à-dire *le gouvernement anglais et* MOI, soyons dans les meilleurs termes, et *jamais la nécessité n'en a été aussi grande qu'en ce moment.* Je vous prie de transmettre ces paroles à lord John Russel. Lorsque nous sommes d'accord, *je suis tout à fait sans inquiétude, quant à l'occident de l'Europe : ce que d'autres pensent au fond est de peu d'importance.* « Les affaires de Turquie sont dans un état de grande « désorganisation : Le pays menace ruine, *la chûte sera un* « *grand malheur*, et il est important que l'Angleterre et la « Russie en viennent à une entente parfaite, et qu'aucune « des deux ne fasse *rien de décisif* à l'insu de l'autre. »

L'ambassadeur anglais n'a pas été un seul instant dupe de l'autocrate russe; il apprécie ainsi les ouvertures qui lui ont été faites. « Agira-t-on conformément à cet accord ? *Voilà ce qu'on peut révoquer en doute*, d'autant plus que les assurances de l'empereur sont un peu en contradictions avec les *mesures sur lesquelles il a été de mon devoir d'appeler votre attention.....* La Russie, en un mot, serait bien aise que cet *accord fut appliqué à des événements dont la chûte de la Turquie serait la conséquence.* »

Il ne s'agit donc plus des lieux saints. L'homme qui se

conduit ainsi les outrage au lieu de les défendre. Il ne s'agit que d'accomplir la catastrophe préparée de longue main; et conséquemment la question est éminemment européenne.

Elle l'est, parce qu'elle peut occasionner une guerre générale. — Elle l'est, parce que dès à présent elle porte dans le crédit public une perturbation funeste à tous les États. — Elle l'est, parce que cette perturbation frappe tous les intérêts privés. —Elle l'est, parce que le Danube demi-russe déjà, serait bientôt envahi par les douanes, les droits, les vexations de l'administration la plus corrompue de l'Europe. — Elle l'est, parce que les Dardanelles aux mains de l'autocrate soumettraient toutes les marines marchandes aux avanies qui se commettent aux bouches du Danube. — Elle l'est, enfin, parce que la domination russe établie à Constantinople serait une cause de guerre perpétuelle et une menace permanente contre tous les États qui bordent la Méditerranée.

Telle est l'appréciation qu'on fait en France des actes de l'empereur de Russie.

Personne ne songe à combattre sa religion si fervente, ni sa pieuse orthodoxie. Mais la Turquie, la France et l'Angleterre ne peuvent plus quitter les armes qu'un mur d'airain n'ait été opposé à ses envahissements. Il est déplorable pour tout le monde, il est honteux pour la Russie, qu'on en vienne aux batailles sur une question aussi immorale que dénuée d'intérêt pour les nations? Qui sait combien de temps durera cette lutte barbare? qui sait combien de sang viendra se joindre à celui qu'on a déjà versé? mais la mesure d'iniquité est comble, les désastres, les pleurs, le sang retomberont sur celui qui a préféré son intérêt personnel et les satisfactions de son orgueil à l'intérêt de l'Europe et de l'humanité. Le choc, si la Russie ne fuit pas le combat, comme en 1812, peut être terrible pour tous les belligérants, et la victoire n'est pourtant pas douteuse en présence de l'opinion publique irritée et des forces dont disposent l'empire ottoman et les puissances occidentales.

Le vote unanime des subsides jugés nécessaires pour arriver à un résultat prompt et décisif avertit assez la Russie qu'elle sera forcée d'évacuer les provinces danubiennes, sans espérance d'y revenir impunément ; qu'elle rendra au royaume de Pologne les franchises concédées par les congrès et jurées devant ce Dieu tout puissant sous la protection duquel elle ose se placer, comme Alexandre avant la bataille d'Austerlitz ; qu'elle subira le voisinage de la Turquie intacte et son égale en droits ; qu'elle respectera en elle un membre de la grande famille européenne. A ce prix, le czar, réconcilié avec l'Europe, dont il affectait de se faire le protecteur, pourra, PROTÉGÉ PAR ELLE, revenir à des vues civilisatrices, si imprudemment négligées. — C'est là que serait la vraie gloire. — Puisse-t-il le comprendre !

Melun. — H. MICHELIN, imprimeur de la préfecture.